Lk 985.

BETHARRAM.

BETHARRAM.

PRIX : 30 C.

A Pau,

É. VIGNANCOUR, IMPRIMEUR-LIBRAIRE.

1837.

AVANT-PROPOS.

Il n'est pas d'année où des personnes de toute condition, venant de divers Pays, n'arrêtent avec admiration leurs regards sur un monument que la religion a consacré à la gloire de JÉSUS et de MARIE. Ce monument, c'est BETHARRAM. On ne verra pas sans quelque intérêt la courte description qu'en vient tracer une main qui, toutefois, doit s'avouer moins habile que fidèle.

Qu'est-ce qui a pu inspirer l'idée de fonder une Chapelle, un Calvaire au bout d'un petit bourg? Est-ce sans but, sans motif, qu'on les a érigés? La Chapelle présentait, avant quatre-vingt-treize, plus de magnificence qu'aucune église du département; le Calvaire, d'après le témoignage de personnes qui ont visité la Terre Sainte, a un rapport frappant avec le Calvaire de Jérusalem. Pourquoi ne reconnaîtrions-nous pas dans ces monumens que nous ont laissés nos Pères et que la hache révolutionnaire n'a pas voulu entièrement détruire, l'expression des desseins d'un DIEU qui aime à manifester sa Puissance, comme sa Miséricorde, au pied d'une Montagne qui rappelle celle où il a voulu subir une mort douloureuse ? Certes, une âme droite conservera précieusement le religieux souvenir d'un lieu que l'hérésie du seizième siècle ravagea avec une sacrilège audace, mais qui conserva toujours sa réputation de sainteté.

Monseigneur l'archevêque d'Auch, Léonard de Trapes, vint dans l'année 1616, dit M. de Marca, mettre sous la protection de Notre-Dame de Betharram sa personne et son siége.

BETHARRAM.

Le flambeau de la Foi brillait dans le Béarn, au commencement du sixième siècle; on en voit la preuve dans les souscriptions de *Galatoire*, évêque de Lescar, et de *Grat*, évêque d'Oloron, au célèbre concile d'Agde.

Les Princes du Béarn se sont distingués par une tendre dévotion envers la Reine du Ciel; ainsi Gaston IV, à son retour de la Palestine, s'étant emparé de la ville de Saragosse, occupée par les Sarasins, rebâtit et dota de très-riches revenus Notre-Dame-du-Pilier, l'une des plus anciennes églises de la Chrétienté, qui aient été dédiées à la vénération de la Mère de Dieu. Neuf ans après, ce Prince fonda et consacra, sou l'invocation de Notre-Dame, l'abbaye de Sauvelade. Les peuples du Béarn, à l'exemple de leurs souverains, ont cultivé avec un grand zèle les honneurs si légitimement dûs à la Très-

Sainte Vierge. Parmi les diverses Chapelles qu'ils lui ont dédiées dès le onzième siècle, on trouve celle de Betharram qui fut le théâtre de la dévotion la plus tendre et de la piété la plus sincère, jusqu'aux ravages du Calvinisme.

La Chapelle de Betharram est située au sud-est du petit bourg de Lestelle (*), à une lieue du château de Coarraze où Henri IV passa une partie de son enfance, à quatre lieues de Pau, à sept lieues d'Oloron et à cinq lieues de Tarbes. Elle est assise au pied d'une montagne baignée à l'Est par le Gave, et où un prêtre vénérable conçut le projet de pratiquer des Oratoires ou des Stations, pour y représenter la Passion du Sauveur du monde. Cette Chapelle subit, sous le règne de l'hérésie, le sort d'un grand nombre de monumens consacrés à la Religion véritable; elle devint la proie des flammes en 1569. La fureur qui la détruisit, n'effaça pas de la mémoire des hommes la tradition constante des merveilles dont Dieu se plut à la favoriser par l'intercession de sa Sainte Mère.

ORIGINE DE BETHARRAM,

De jeunes bergers gardant leurs troupeaux aperçoivent sur la pointe d'un rocher une lumière éclatante; ils s'approchent et découvrent une image de la Vierge. Les habitans de Les-

---

(*) Ancien diocèse de Lescar.

telle accourent, sont témoins du prodige et se croient obligés de construire un Oratoire en ce lieu. La dureté du rocher les empêche d'exécuter leur pieux dessein. Ils transportent cette Image du lieu où elle a été découverte dans une niche, en un petit oratoire qui était au bout du pont, au-delà du Gave, sur le territoire de Montaut. Dieu fait un second miracle, pour montrer qu'il veut que sa Sainte Mère soit spécialement honorée à Betharram ; il permet que cette Image soit miraculeusement transportée de cet Oratoire sur le rocher où elle a été trouvée. Les habitans de Lestelle la prennent de nouveau et la portent avec respect dans leur église paroissiale qu'ils ont soin de fermer à clef; un troisième miracle la fait retrouver dans le lieu de son apparition. On se décide à y construire une petite Chapelle que les peuples, au bruit d'événemens si extraordinaires, s'empressent de venir visiter. Voilà l'origine de ces pélerinages en l'honneur de la Très-Sainte Vierge, dans un lieu que le Ciel a si solennellement choisi, pour manifester sa puissante intercession. Une tradition constante nous apprend que les monumens des guérisons merveilleuses qu'elle avait obtenues existaient dans cette Chapelle, jusqu'à ce que les sectaires du seizième siècle y mirent le feu.

Tandis que l'hérésie exerçait dans le Béarn ses funestes ravages, Betharram, quoiqu'en ruines, ne cessait pas de fournir un éclatant témoignage de la protection de la Reine du Ciel. Les habitans de Lestelle et des villages voisins remarquaient une lumière qui l'éclairait pendant la nuit : c'était l'aurore de ces beaux jours où de malheureux peuples, entraînés dans les sentiers de l'erreur, devaient rentrer, par l'intercession spéciale de Marie, dans le sein de l'Eglise. Cette puissante protection ne se bornait pas à nourrir l'espérance des fidèles par ces merveilleux témoignages, on la voyait encore éclater sur ceux qui la réclamaient. En 1610, tandis qu'une maladie cruelle enlevait plusieurs petits enfans, une mère désolée, voyant qu'elle allait perdre les siens, fit vœu de les porter sur les décombres de la Chapelle et d'y passer la nuit en prières. Elle n'eut pas plutôt accompli son vœu, que ses enfans recouvrèrent la santé ; elle l'attesta avec serment ainsi que son époux en présence de M. Hubert *Charpentier*, supérieur des prêtres de la Chapelle, le 9 mai 1623. Quelque temps après, l'un de ces enfans, notablement incommodé de ses jambes, de ses pieds et de son bras gauche, fut porté sur ces masures ; sa mère y renouvela son vœu, lava l'enfant avec l'eau de la fontaine qui coule sous la Chapelle, et eut la consolation de le voir en peu de jours parfaitement guéri.

On sait que Henri-le-Grand rétablit, en 1599, les évêques de Lescar et d'Oloron dans leurs églises, mais ce ne fut qu'après que Louis XIII vint en personne dans le Béarn, que la religion Catholique y recouvra toute sa liberté.

Monseigneur de *Salettes*, évêque de Lescar, frappé des merveilles opérées à Betharram par l'intercession de la Mère de Dieu, y envoie M. *Bequel* (David), curé de la ville de Nay, pour examiner s'il ne serait pas possible d'y rétablir la Chapelle et son ancienne dévotion. Sur un rapport favorable, le Prélat écrit au Roi pour obtenir son agrément. Des lettres de Louis-le-Juste, vérifiées par le conseil souverain de Pau, lui permettent de voir se réaliser ses pieux désirs. Les habitans de Lestelle mettent tout leur empressement à relever les murailles d'un temple où Marie a tant de fois fait éclater son crédit auprès du Tout-puissant; mais leurs ressources trop modiques ne leur permettent pas de l'embellir. Cette tendre Mère voit en quelque sorte une Crèche où son Divin Fils veut prendre une nouvelle naissance.

Monseigneur de *Salettes* connait dans la province un digne prêtre qui a rendu à Notre-Dame de Garaison son ancien éclat ; il espère trouver en lui le même zèle pour le rétablissement de Notre-Dame de Betharram ; il lui confie cette œuvre importante. L'attente du Prélat est remplie. M. Hubert *Charpentier* se rend à ses vœux; mais le zèle du saint prêtre trouve un obstacle dans les troubles qui surviennent. Dès que le calme est rétabli, Pierre *Geoffroi*, supérieur de la Chapelle de Garaison, sur la prière de M. *Bequel*, dont il a été déjà parlé, se rend à

Betharram avec six de ses prêtres et la musique de son église. Ils vont visiter, dans son château, à Coarraze, M. de *Miossens*, qui les assure de sa protection. De là, ils se rendent à Nay, où ils reçoivent un accueil respectueux des autorités catholiques. Ils y célèbrent les Saints Mystères, non dans l'église, qui était au pouvoir des hérétiques, mais dans une humble demeure. Ils y prêchent la Divine Parole et se dirigent processionnellement vers Betharram, accompagnés de deux mille Catholiques, auxquels se joint sur la route une multitude de fidèles des paroisses voisines. La première Messe est célébrée dans le Saint lieu par M. *Geoffroi*; elle est suivie d'une instruction donnée à cinq mille Catholiques, sur la place publique de Lestelle.

UNE CONGRÉGATION DE PRÊTRES S'ÉTABLIT A BETHARRAM.

M. Hubert *Charpentier* examine avec soin la relation des miracles qui se sont opérés à Betharram, avant la destruction de la Chapelle, et ceux qu'on y a vus depuis. Il juge que Dieu a un dessein particulier de faire honorer en ce lieu son Saint Nom et celui de sa Glorieuse Mère. Il y établit sa résidence et y fonde une Congrégation de Prêtres qui se dévoue au salut des âmes. La Divine Providence se plaît, dès le commencement, à les soumettre à de rudes épreuves. Destinés à marcher sur les traces de leur Divin Maître, ils en partagent d'abord les besoins, l'indigence. Ils mettent toute leur confiance en Lui comme en Celle qui l'a porté dans son sein; ils ne tardent pas de la voir couronnée. Ils reçoivent des secours abondans pour leur entretien, pour le nouveau bâtiment, le lambris de la Chapelle et d'autres augmentations nécessaires : un nouveau prodige ranime leurs espérances et la ferveur des fidèles.

L'année 1622, la source d'une fontaine qui coulait continuellement sous la Chapelle et qui se trouve aujourd'hui couverte par la grande route, vient à diminuer considérablement. On s'efforce de lui donner son ancienne fécondité, en joignant deux canaux assez rapprochés l'un de l'autre. Ce travail qui dure deux jours est inutile. La veille de l'Assomption, on s'aperçoit que l'eau coule avec la même abondance. Les Pélerins qui se sont rendus pour la solennité admirent ce prodige et comprennent mieux que jamais qu'une protection spéciale de la Reine du Ciel est attachée à ce Saint lieu.

Le zèle des respectables fondateurs devient de plus en plus ardent. Ils conçoivent l'heureux dessein de donner un nouvel élan à la piété des fidèles, en construisant sur la montagne qui domine la Chapelle, des stations qui représentent la Passion de J. C. Ce pieux projet ne peut encore recevoir son exécution ; on se contente d'y élever une croix avec un Christ et l'image des deux larrons crucifiés à ses côtés. Cette croix est plantée solennellement le Vendredi-Saint, en 1623. Le concours des fidèles devient plus considérable ; et les Chrétiens séparés de notre communion s'empressent de venir visiter ce théâtre d'un culte qui leur est devenu étranger. Un sectateur zélé du calvinisme, M. *Gassion*, que la curiosité attire à Betharram, témoigne à M. le comte de *Gramont* et à M. de *Marca* qu'il a été vivement touché de la sainteté du lieu et des mystères qu'on y représente. Monseigneur de *Maïtie*, évêque d'Oloron, raconte à une Congrégation de Prêtres, que, passant à Betharram, il a éprouvé un sentiment de ferveur qui ne lui était pas ordinaire. Une Religieuse qui vivait dans le seizième siècle, avait raconté à une de ses compagnes, que le saint fondateur, M. *Charpentier*, avait vue dans un couvent de Sainte-Claire, à Mont-de-Marsan, que la chapelle de Betharram et les environs s'appelaient la Terre Sainte.

Ce serait ici le lieu d'entrer avec M. de *Marca* et d'autres historiens dans le détail des guérisons miraculeuses, des graces spéciales que les fidèles ont obtenues et qu'ils ont attribuées à la puissante intercession de Notre-Dame invoquée à Betharram. Nous nous contenterons de dire que les Prêtres qui habitent actuellement cette sainte demeure, ont la douce satisfaction d'apprendre de la bouche même des fidèles qui l'éprouvent, que Marie aime toujours à se montrer propice à ceux qui l'invoquent avec confiance en ce Saint lieu.

Au commencement du dix-huitième siècle, on exécute le projet des premiers fondateurs qui ont résolu d'établir un Calvaire. Des Chapelles sont construites, des Statues rappelant les diverses circonstances de la Passion du Fils de Dieu, y sont placées. L'empressement des fidèles redouble, venant honorer la Mère, ils trouvent une satisfaction encore plus douce, en accompagnant de leurs larmes la marche douloureuse du Fils.

Quatre-vingt-treize arrive, toutes les Statues disparaissent : la fureur des sicaires n'en épargne aucune, excepté le Christ que l'on voit dans la Chapelle de la Flagellation, qu'un pieux habitant de Lestelle a eu soin de soustraire à leur désastreuse vigilance, et qu'il a l'attention de rendre, quand on se dispose à relever les ruines de ce monument sacré. Ce Christ nous donne une idée de l'expression des anciennes Statues. Quel est le vieillard qui, montant aujourd'hui au Calvaire, ne mêle pas ses larmes avec celles des Israélites qui, contemplant le nouveau temple de Jérusalem, pleuraient de n'y pas trouver la magnificence du temple de Salomon.

Je dois faire admirer ici la Divine Providence qui défend, sur le frontispice de la Chapelle, contre la fureur des ennemis de la religion, les Statues des quatre Evangélistes et la Statue précieuse de Marie tenant dans ses bras l'enfant

Jésus et écrasant sous ses pieds la tête du serpent. Ces merveilles de l'art n'échappent pas à l'attention furieuse des iconoclastes du dix-huitième siècle : leur coryphée les admire et dit aux autres : respectons ces chefs-d'œuvre. Le Seigneur enchaînant ainsi leur rage, ne semble-t-il pas annoncer au Pays que son Evangile et le Culte de sa Divine Mère n'y périront point ?

———

On va réparer le Calvaire ; dès que les travaux seront terminés, on s'empressera d'ajouter à cette courte Notice des Instructions sur les dispositions avec lesquelles on doit visiter ce Saint lieu.

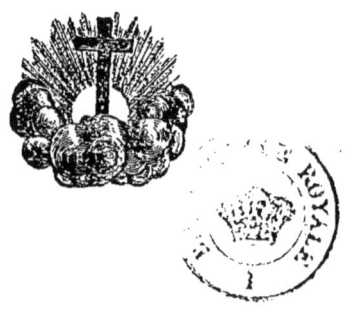

PAU, IMPRIMERIE DE E. VIGNANCOUR.

www.ingramcontent.com/pod-product-compliance
Lightning Source LLC
Chambersburg PA
CBHW070500080426
42451CB00025B/2960